LE MASSACRE DE JUIN

OU LE

TOMBEAU DE LA LIBERTÉ

PAR LE CITOYEN AUGUSTE CAUNES,

ANCIEN DÉTENU POLITIQUE.

3ᵉ LAMPION RÉPUBLICAIN.

PRIX : 30 CENTIMES.

SOMMAIRE.

Soudaine impression sur les Journées de Juin. — Du régime du Sabre. On nous traite à la Narvaez. — Les Chefs de la rue de Poitiers. — Hostilités contre les soldats. — 1793 et le 9 thermidor. — L'Armée révolutionnaire. — Le Soldat de 1792. — Fripons politiques. — L'Aristocratie roturière. — Tableau du Poëte et du Savant. — l'Économie sociale. — La Tyrannie. — Tableau du Peuple.

PARIS,

RUE DE CLÉRY, 51.

A LYON, CHEZ BALLAY AÎNÉ, LIBRAIRE, RUE BOURBON, Nᵒ 2.

A ROUEN, CHEZ FRANÇOIS, GRANDE RUE, Nᵒ 33.

LE MASSACRE DE JUIN

OU LE

TOMBEAU DE LA LIBERTÉ

PAR LE CITOYEN AUGUSTE CAUNES,

ANCIEN DÉTENU POLITIQUE.

CHAMPION RÉPUBLICAIN.

SOMMAIRE.

Soudaine impression sur les Journées de Juin. — Du régime du Sabre.
On nous traite à la Narvaez. — Les Chefs de la rue de Poitiers. —
Hostilités contre les soldats. — 1793 et le 9 thermidor. — L'Armée
révolutionnaire. — Le Soldat de 1792. — Fripons politiques. —
L'Aristocratie roturière. — Tableau du Poëte et du Savant. — l'Écono
mie sociale. — La Tyrannie. — Tableau du Peuple.

PARIS,
RUE DE CLÉRY, 51.

A LYON, CHEZ BALLAY, AÎNÉ, LIBRAIRE, RUE BOURBON, N° 2.
A ROUEN, CHEZ FRANÇOIS, GRANDE RUE, N° 55.

LE MASSACRE DE JUIN

ou

LE TOMBEAU DE LA LIBERTÉ

(Fait le 28 juin 1848.)

CHAPITRE Ier.

Soudaine impression.

Tout ce qui porte un cœur sensible sur la terre, tout ce qu'il y a d'hommes probes et honnêtes, tout ce qui est sincèrement ami de la justice et de l'humanité, doit être ici, comme ailleurs, plongé dans la consternation et la douleur. Aujourd'hui, le bon sens est banni de toutes les têtes et l'équité de tous les cœurs. On ne raisonne plus. Toutes les passions cruelles et malveillantes se trouvent déchaînées, les extrêmes en contact se heurtent et se déchirent, l'imagination égarée se perd et s'abîme dans des conjectures que nul ne peut définir et n'ose aborder. La terreur, l'épouvante et la mort sont ici à l'ordre du jour. On ne voit qu'animosité sur le visage des hommes. On brave tout. Les Euménides, échappées du fond des enfers, soufflent partout le feu de la guerre civile et de la discorde; rien ne peut conjurer le fléau destructeur qui ravage l'état social, et l'esprit impuissant succombe dans un état de détresse qui anéantit à la fois la pensée et la raison humaine. — Les vainqueurs se livrent à des actes d'une cruauté inouïe, dont le délire et la férocité prennent naissance dans la passion de l'orgueil et de la domination, dans l'égoïsme et la cupidité, dans tous les préjugés inhumains, insensés et cruels. Les malheureuses victimes de cette fureur sauvage, se recueillent dans les angoisses d'une profonde et désolante résignation. Tout le monde vit ici dans le désespoir et l'affliction. Il n'est plus d'heureux jours, plus de confédération publique, plus d'union, plus d'harmonie, c'est la dissolution ou la ruine d'un monde qui s'engloutit dans un cataclysme universel, qui entraîne tout pêle-mêle, et ne laisse plus en perspective aucune sorte d'espérance ni de salut dans l'avenir. D'autre part, nous sommes envahis par des populations étrangères, par des hordes de barbares sortis de je ne sais quelles contrées inconnues et lointaines qui accourent sur Paris où ils sont attirés par l'appât du carnage, et se mêlent à cent mille conjurés d'une soldatesque affrénée, inaccesible à la pitié, qui nous passe au fil de l'épée et met tout à feu et à sang.

J'ai vu en 1814 et 1815, deux invasions de Tartares et de Russes maîtres de Paris : je n'ai rien vu ni lu dans l'histoire de comparable à ce qui vient d'affliger nos regards. Il n'y a pas dans notre langue de terme pour rendre les horreurs qui se sont commises ; il n'y a pas de cœur qui pût résister au récit détaillé de ces scènes déchirantes. Hélas ! j'avais prévu bien des déboirés, bien des déceptions, bien des conflits et des jours néfastes, bien des malheurs enfin, mais jamais je n'aurais cru, de la part des hommes, à un tel oubli des principes, à une conjuration systématiquement tramée dans l'ombre, aussi profondément tissue, et aussi criminelle dans ses résultats. Non, je croyais l'espèce humaine d'une nature meilleure et moins dépravée, et je me plaisais dans cette douce et consolante illusion ; aujourd'hui, après tout ce qui vient de se passer, après tant de cruautés impossibles à décrire, je ne crois plus à rien ; le *bien*, pour moi, n'est qu'un objet idéal ; la *vertu* n'est qu'une chimère : il n'y a de réel que la perversité humaine. Tristes réflexions ! vous anéantissez mon âme ! vous portez le désordre dans toutes mes faeultés ! et, dans l'état où je suis, je ne vois plus de terme ni de remède à nos maux infinis.

Voilà le sommaire de ce qui vient d'avoir lieu. Je ne puis m'étendre davantage ; mon cœur oppressé et brisé de tristesse, par cette image cruelle, ne peut que gémir et se dépiter douloureusement, sans pouvoir considérer toute l'étendue de nos désastres, ni sonder la profondeur de l'abîme où la malveillance vient de nous précipiter ; seulement, dans une circonstance aussi grave, où l'héroïsme des plus intrépides et des plus imprudents défenseurs de nos droits vient de succomber, j'ai voulu publier mon sentiment, non pour servir de critérium et de règle, mais pour prévenir les esprits peu réfléchis sur l'opinion qu'il faut se faire de notre triste et pénible situation.

Il n'y a plus d'avenir pour nous : la cause de la liberté est à jamais perdue ; il n'y a plus de régénération possible, plus de patrie, plus de salut pour les peuples dont nous étions l'espoir, dont nous devions être tout à la fois les modèles et les libérateurs. — La République, cette tendre et bienfaisante mère des nations, vient de rendre son dernier soupir ; pour en finir avec elle, on l'a livrée au glaive vengeur des anciens satellites de la tyrannie, coalisés et conjurant de concert avec les chefs d'une armée formidable, venue tout exprès des bords africains pour consommer cet attentat criminel. Cette armée redoutable, après tant de sanglants exploits, a, dit-on, bien mérité de la patrie, il faut le croire, puisqu'elle s'est distinguée, dans cette lutte sacrilège, par une rage insensée, inconnue jusqu'alors, et qui dénote chez les gens de guerre, ce funeste penchant de verser le sang humain par métier, d'égorger ses semblables, d'assassiner l'humanité, sans remords comme sans entrailles, en toute sécurité, sans autre motif ni grief que le zèle fatal d'une obéissance aveugle, nécessitée par un code inhumain, organe tyrannique de la brutalité et de l'ambition du tyran qui commande.

CHAPITRE II.

Du régime du sabre.

Ainsi, à Paris tout comme à Madrid, c'est le glaive sanglant du soldat mercenaire qu'on promène sur nos têtes. Nous voilà tributaires et justiciables des commissions militaires. Rien n'est plus expéditf ni plus conforme à la justice impartiale des camps. On nous traite à la Narvaez : c'est tout dire. — L'arbitraire est à l'ordre du jour. On ne raisonne plus. Sous le régime du sabre, toute discussion est interdite ; c'est la mort de la pensée et de l'esprit public ; c'est la ruine de l'état civil. — La soldatesque a été et sera éternellement le fléau destructeur de la liberté et l'éternel auxiliaire du despotisme. Là où la soldatesque est prépondérante, il n'y a plus de ci- toyens, plus de patrie, plus de cité : c'est la force qui fait la loi ; c'est la brutalité et la violence qui gouvernent.

Ainsi donc, on vient d'introduire chez nous l'affreux sys- tème politique qui, en Espagne et dans le reste de l'Europe, maintient les peuples dans un état de servitude et de dépen- dance absolue. C'est la force militaire qui cause tous les maux, tous les tourments qu'on endure dans le monde , en embrassant sans cesse le parti des oppresseurs, en faisant cause commune avec eux, et se partageant ensemble nos dépouilles ; c'est cette force matérielle qui , par la puissance des armes, sert à tyranniser les peuples et à les écraser toutes les fois qu'ils manifestent quelque élan généreux vers la li- berté ; c'est cette force brutale, dépourvue de raison et d'in- telligence , qui abrutit l'Europe depuis des siècles ; et par conséquent, c'est contre elle qu'il faut diriger et prémunir l'opinion publique à ces fins de ruiner son prestige, de ren- verser le principe de son organisation vicieuse , et de déna- turer son funeste ascendant. En Angleterre, en Irlande, en Italie, en Allemagne, en Prusse, en Pologne, en Russie, et chez tous les peuples de la terre qui s'agitent en ce moment

pour se soustraire à la domination des tyrans et pour reven-
diquer leurs droits méconnus ou usurpés, partout, c'est la
force matérielle des baïonnettes, organisées en sens inverse
de la liberté, que les gouvernements arbitraires ne cessent
d'invoquer pour l'opposer au mécontentement légitime des
peuples, irrités contre la violence de leur tyrannie ; c'est par
cette force brutale et aveugle que tous les lâches ambitieux,
les vils intrigants et les traîtres parviennent à nous dominer
malgré nous, à usurper le pouvoir suprême, à s'y maintenir,
au mépris de nos droits, et à l'encontre de tout sentiment de
pudeur, de justice et d'humanité. — Les tyrans nous oppri-
ment, nous enchaînent et nous assassinent avec nos propres
bras, avec ou sans notre consentement ; car, s'il existe parmi
nous bon nombre d'hommes résolus qui se prononcent éner-
giquement contre toute oppression arbitraire, combien n'y
en a-t-il pas aussi qui souscrivent volontairement ou par faiblesse à cet excès déplorable d'opprobre et d'avilissement qui
dégrade notre espèce ? Eh ! combien sont-ils, ceux qui se
jouent de nos destinées ? Combien sont-ils, ceux qui spéculent
sur l'odieux prestige de nos sots préjugés ? Comptez-les ? Ils
sont tout au plus quelques centaines contre des populations innombrables. — Tous les maux, tous les crimes et tous les
abus d'autorité dont on se plaint, nous viennent, non pas
autant du vice de l'organisation civile qu'on peut modifier très
facilement, que du despotisme militaire, et de son esprit
aristocratique et rétrograde qui s'oppose à toute réforme, à
tout progrès ultérieur, à tout changement dans les institutions et dans les mœurs. — Tous les ambitieux hypocrites,
tous les exploiteurs, tous les jongleurs politiques s'emparent
de cette force matérielle et inintelligente pour s'en faire un
rempart, ou une arme tour à tour oppressive et meurtrière,
au moyen de laquelle ils dispersent tout ce qui les gêne,
toute opposition légitime qui menace de les déborder. Ils
l'interposent entre eux et nous, de façon à protéger leurs

frauduleuses exactions, et à nous interdire tout accès, toute investigation dans nos propres affaires. — Si nous voulons être libres, il faut dissoudre la force militaire par la force civile, et le soldat par le citoyen. Il faut faire tout le contraire de ce que l'on a fait jusqu'ici. Il faut que l'état civil domine et subjugue le régime militaire, et que le citoyen occupe et reprenne dans la cité la place et le rang qu'un soldat inepte ou incapable ne doit pas usurper. — Si nous voulons être libres, il faut vaincre l'armée, ou l'armée, devenue plus puissante que nous et maîtresse de nos destinées, nous ramènera infailliblement sous la domination d'un maître, vers une décadence honteuse et droit à l'esclavage. L'armée elle-même doit se prêter à sa défaite et se laisser vaincre, si elle est susceptible de pénétrer son véritable intérêt, et de concevoir le tort qu'elle fait à la patrie et à l'humanité, en s'armant contre ceux qui combattent pour la liberté, et se dévouent, corps et biens, au triomphe d'une aussi sainte cause. — L'armée ne diffère avec nous que de position ; mais notre avenir, à tous, est le même. Elle ne peut être heureuse, si nous sommes malheureux ; elle ne peut être libre, si nous sommes asservis. — On est citoyen par un droit naturel, imprescriptible et inaliénable ; on n'est militaire qu'accidentellement et en vertu, non d'un droit inhérent à l'individu, mais d'après une loi exceptionnelle créée pour les besoins momentanés de la patrie. Son temps fini, le soldat rentre dans ses foyers, au milieu de ses concitoyens, pour y vivre d'après la forme et la règle de la loi civile. Il est donc intéressé, comme nous, au succès de toutes les révolutions politiques et sociales, et il doit y contribuer ou en protéger le succès par son inertie, ne pouvant faire mieux. — Entre le soldat et le citoyen, il n'y a pas deux natures ; une pour lui, une pour nous : il n'y a que des positions différentes qu'il faut expliquer. Le citoyen, en travaillant pour lui, travaille également au bénéfice du soldat et pour tous les membres de la cité ; le soldat, au contraire, en combattant contre le citoyen, combat contre lui-même et au préjudice de tous : il doit donc céder la victoire au peuple en dépit de son amour-propre, au risque même de sa sécurité et de sa vie. C'est la raison d'État, c'est l'intérêt public, c'est le cri déchirant de la patrie alarmée qui réclame ce sacrifice généreux. — Que le soldat triomphe du peuple, il ne reste que des regrets et des larmes, et le vainqueur, après la victoire, est aussi malheureux que le vaincu ; que le peuple triomphe, le soldat vaincu partage la victoire du vainqueur, et tout le monde est dans l'allégresse. Voilà ce qu'il faut bien comprendre, et il ne faut pas être un si profond politique pour apercevoir des vérités si simples. — Il n'y a que la guerre faite par l'armée à l'ennemi extérieur qui soit légitime et profitable au pays ; et, dans ce cas, on n'a jamais vu que le peuple ait fait cause commune, avec l'ennemi extérieur, contre les soldats de la patrie ; pourquoi donc, à son tour, l'armée prend-elle fait et cause contre le peuple, quand celui-ci fait une guerre d'émancipation ou de principes contre l'ennemi intérieur qui l'opprime ?—Ce n'est ni conséquent, ni juste, ça n'a pas le sens commun. — Le peuple de Paris brille dans le monde comme cette étoile radieuse qu'on appelle en latin *lucem ferens*, porte-lumière ; vous autres, soldats, vous jouez un triste rôle : au lieu de la liberté, vous donnez l'esclavage, vous rivez vos fers et les nôtres, vous êtes donc l'étoile du malheur. — En ce moment, l'Italie vous appelle à cors et à cris ; en ce moment, n'ayant aucune volonté par vous-mêmes et enchaînant la nôtre, l'Italie expire dans les angoisses et les tourments du despotisme. Vous êtes donc nuls ou insignifiants dans le monde ; je me trompe : vos chefs se croient tout puissants dans la rue de Poitiers et dans les salons de l'aristocratie, où ils sont les jouets de l'intrigue et conspirent en dupes pour vous faire faire, dans les rues de Paris, une guerre sacrilége contre ceux de vos frères qui veulent délivrer la patrie et vous-mêmes d'une tyrannie cruelle et des plus odieuses.

On a mal interprété le sens des paroles de Napoléon dans l'exil : « Sans moi, l'Europe aurait été républicaine ; c'est moi qui l'ai rendue cosaque. » — Voilà ce qu'il pouvait se dire, en faisant un juste retour sur lui-même, dans ses méditations sur le rocher de Sainte-Hélène, où il se trouvait à peu près comme Marius assis sur les ruines de Carthage. — Pour apprécier les grands hommes et ne pas se faire illusion, il faut savoir lire dans l'histoire de la vie des peuples. Rien n'est plus instructif que la nôtre : elle est pleine de vicissitudes et de tribulations.

Le soldat est donc dans une catégorie à part, dans une condition anormale et de subordination ; il doit subir la loi, il ne doit pas la faire. Dès qu'un homme est soldat, il n'est plus membre actif dans la cité, il est dans la même condition que tous les commis salariés du peuple et les serviteurs à gages : c'est un être passif et essentiellement obéissant, subordonné à l'état civil. Voilà les principes ; voilà l'origine de cette force factice que crée une nation souveraine et toute puissante pour subvenir à des besoins d'urgence et momentanés. Cette force exceptionnelle et redoutable ne peut être maintenue au milieu du peuple que de son consentement et rien que pour son utilité, jamais pour l'opprimer ni le subjuguer. S'il en est autrement, ce n'est plus qu'un ramas de conjurés ou des rebelles, ennemis de la patrie et de la liberté, qu'il faut disperser, qu'il faut dissoudre ou licencier pour les réorganiser ensuite sur un autre pied ; je veux dire, dans un but de défense et d'utilité publique.

On fonde une monarchie et le despotisme avec des soldats ; on fonde la liberté et une République avec des citoyens.

On peut tout proscrire dans un pays, excepté le peuple qui n'y est jamais de trop, malgré l'opinion du vulgaire. La pire de toutes les disettes dans un état républicain, serait celle où le peuple viendrait à manquer ou à dégénérer par la misère ou par les mœurs. Dans le peuple, on trouve tout en abondance : armée, soldats, officiers, généraux, savants, artistes, législateurs, travailleurs ; on y trouve aussi vertus, richesses et fécondité, tout ce qui constitue enfin une démocratie heureuse et puissante ; on y trouve aussi, mais par corruption ou par anamolie, des rois, des princes, des aristocraties diverses, comme on remarque parfois, dans une terre mal cultivée, abandonnée ou en jachère, à côté des germes les plus sains et des meilleures graminées, des fruits avortés, l'ivraie et la ronce qui l'épuisent ; mais le bon cultivateur sait extraire de son champ, avec les plantes parasites, toutes celles qui dévorent et ruinent le sol, et son domaine, mieux administré, s'améliore chaque jour davantage et devient chaque jour plus fertile et plus abondant en biens de toute espèce.

Puisque tout est dans le peuple, on doit respecter le peuple par dessus toute chose, et personne ne doit se permettre d'envahir sa souveraineté ni d'usurper ses droits. C'est un crime de lèse-humanité ; nul n'est au-dessus de lui. Le premier personnage dans un gouvernement dégénéré ou monarchique, c'est le monarque ; le premier personnage dans un gouvernement légitime ou républicain, c'est le peuple. Quiconque s'arme de son épée pour maltraiter le peuple, ou de sa plume pour le diffamer, n'est qu'un factieux digne du dernier supplice.

Si le peuple, abjurant ses prérogatives et son caractère, vient à se mésallier ou à se méconnaître en se faisant henriquinquiste ou bonapartiste, il fait un acte de folie, il se déconsidère et abdique, avec sa dignité humaine et ses droits, sa souveraineté ; il rétrograde vers la servitude et le despotisme au lieu de progresser ; il dégénère et va vers l'esclavage au lieu d'aller vers la liberté ; il fait son malheur luimême, il fuit la lumière et sert à la fois d'instrument et de complice à l'usurpateur adroit qui convoite en secret son héritage, sa déchéance et sa ruine. Rien n'est plus déplorable. Le devoir du législateur, en ce cas, est d'éclairer le peuple et de le ramener de son égarement par la douceur et la persuasion.

Quand un riche vote en faveur d'un homme puissant pour rétablir les priviléges et les distinctions du rang et de la fortune, il fait sans doute un acte contraire à la philosophie, à la raison ; mais du moins il agit d'accord avec l'intérêt de sa position et les préjugés de son orgueil : c'est, si l'on veut, l'action d'un égoïste, ennemi de l'égalité, d'un mauvais citoyen ; mais l'homme du peuple, en imitant le riche, agit ici en dupe ; il vote tout à la fois contre le dictamen de sa conscience, contre la raison, contre son intérêt, et se suicide lui-même. Il fait preuve d'inconséquence, d'imprévoyance, de bêtise et de stupidité.

L'abrutissement et la bêtise du peuple viennent de ses préjugés et de son ignorance.

La lumière n'est pas instruction, mais absence de préjugés, bon sens et réflexion.

La vérité a ce caractère particulier qu'elle frappe d'évidence tous les esprits. Quand vous présentez un miroir devant quelqu'un, s'il ne se voit pas, c'est qu'il est aveugle. De même, en présence de la vérité, celui qui ne se rend pas à son évidence pêche par aveuglement, ou par entêtement et parce qu'il ne veut pas voir ; dans ce dernier cas, il y a mauvaise foi, toute discussion est superflue, et la vérité ne peut être sentie d'abord. C'est pourquoi il y a tant de sophistes qui la travestissent et la passent toute défigurée dans leurs écrits, comme on ferait d'un objet défendu ou de contrebande à la douane. Alors on se perd dans un flux de paroles et de discours étudiés, où personne ne se comprend plus. Ici, l'art de se déguiser et l'art de se pénétrer ont fait tant de victimes de part et d'autre, qu'on ne sait plus à qui se fier, toute confiance est perdue, il n'y a que jonglerie et fas-

cination, et le peuple, démoralisé et aux abois, ne croit plus
à rien. Dès lors, pour ramener l'homme vers sa perfectibi-
lité naturelle et vers son bon sens, il ne reste plus que les
principes qui sont immuables et éternels; c'est ce retour à la
raison et aux principes que j'invoque en ce moment pour
l'instruction et le salut de tous.

Je reviens à mes hostilités contre les soldats à qui il ne
faut laisser ni paix ni trève jusqu'à ce qu'on les ait convain-
cus d'erreur on d'incivisme et ramenés à la raison, en leur
faisant faire de leur propre gré amende honorable sur l'autel
de la patrie qu'ils ont ensanglanté et profané de leurs armes
homicides.

Au surplus, il serait injuste de confondre le soldat français avec le soldat automate et totalement abruti de l'Au-
triche et de la Russie, par exemple; pas plus qu'il ne serait
bienséant de comparer le peuple français aux autres peuples
asservis de l'Europe ou de la Turquie. Il y a une distance
incommensurable sous le rapport des idées et des caractères,
des mœurs, et même à raison des préjugés et de l'influence
du climat. Quant à la discipline militaire, elle est partout
également abrutissante et aristocratique. Chez nous, dans le
peuple comme dans l'armée, modifiez l'organisation, vous
produisez dans l'esprit du soldat une révolution aussi radicale
que celle qui s'opère dans le corps de la nation par un changement dans l'institution civile. Le soldat français soupire
après son indépendance et sa liberté : il la rêve; mais il est
assujéti à des chefs ambitieux, à une discipline anti-sociale
dont il doit subir le joug odieux malgré lui, sans pouvoir s'y
soustraire. Voilà l'obstacle invincible contre lequel toute
pensée de liberté vient se briser, et qui le fait agir contrairement à ses penchants et à sa volonté. Il y a cent preuves
touchantes de l'amour du soldat français pour la liberté. En
juillet 1830 et en février 1848, à part les corps privilégiés,
sur lesquels il ne faut jamais compter, le soldat de la ligne,

qui est le peuple de l'armée, comme l'ouvrier est le peuple
de la nation, a toujours sympathisé tacitement avec ses
frères insurgés contre le despotisme, soit en leur procurant
des armes et des munitions de guerre, soit en tirant en l'air
ou en facilitant par mille autres moyens ingénieux le succès
de l'insurrection. Sans les chefs qu'elle craint, l'armée, livrée à sa propre impulsion, passerait tout entière et sans
hésiter du côté du peuple dont elle verse le sang à regret et
à contre-cœur. Dans les journées de juin, sans l'atroce et
monstrueuse combinaison de mélanger la garde bourgeoise
avec l'armée, le soldat aurait fraternisé et fait cause commune avec le peuple tout naturellement et d'instinct, ce
qui milite en faveur de son intelligence, de son patriotisme
et de son amour de la liberté. — Il ne faut pas croire que
les hommes aient un penchant inné pour la servitude. Tout
tient ici-bas à des calculs et des machinations préparées
d'avance qui nous abusent, qui égarent notre jugement et
troublent nos idées. Et si nous persistons ici avec tant de vé-
hémence et d'amertume sur une accusation grave qui flétrit
les corporations militaires en général, c'est plutôt à cause
d'une organisation vicieuse en elle-même et de la fausse position du soldat, qu'à cause de son esprit malveillant et de ses
intentions que nous n'avons nullement le dessein de poursuivre ni d'incriminer. Nous déplorons amèrement son sort et le
nôtre d'avoir à nous faire, contrairement à notre intérêt réci-
proque, une guerre cruelle et acharnée qui n'est profitable
qu'aux hommes adroits qui suscitent et enveniment toutes les
querelles, qui épient l'issue du combat et se rangent du côté
du peuple si le peuple est vainqueur, ou du côté du soldat si le
peuple est vaincu. Quant à eux, ce sont d'habiles politiques,
des hommes sages et prudents qui ne se sacrifient jamais qu'a-
près la victoire; ce sont enfin des êtres privilégiés, les heureux du siècle, faits tout exprès pour gérer et gouverner le
monde selon une répartition très juste et surtout très légale.

Toi, soldat, tu seras la chair à canon et le soutien de nos prérogatives, de notre gloire ; toi, peuple, tu seras le bœuf, l'animal domestique, le quadrupède qui produira, par un travail excessif et continu, tous les objets utiles à nos besoins journaliers et de luxe, à nos jouissances sensuelles et illimitées : vous êtes, les uns et les autres, des êtres précieux créés tout exprès pour servir d'aliment à nos menus plaisirs. Voilà la pensée occulte et philosophique de tous nos rhéteurs moralistes, de tous nos profonds politiques.

Le soldat français hors de la discipline et de l'influence de ses chefs, n'ignore pas, sans doute, qu'il est homme, et par conséquent qu'il a comme tous ses semblables un cœur sensible fait pour sentir le bien, et une raison pour distinguer le vrai du faux, le juste de l'injuste ; les chefs, au contraire, à la place du cœur et de la raison, ont un système froid et égoïste auquel ils rapportent toutes leurs actions ; et c'est chez eux le seul mobile moral pour balancer l'intérêt de leur orgueil et de leur cupidité : ils sont militaires, rien que par ambition ; ils donnent ou bravent la mort pour arriver à la fortune et aux honneurs qui sont leur point de mire et leur unique élément ; ils sont les fauteurs de tous les tyrans, et asservissent la patrie par calcul, par esprit de conquête, de jactance et de domination. Le mal que fait le soldat à la patrie est indépendant de sa volonté : il ne profite qu'à son chef. La preuve que le soldat n'est qu'une machine de guerre qu'on dirige à tout vent, et qu'il ne se bat contre ses concitoyens que par force ou machinalement et sans passion aucune, c'est qu'il tire n'importe sur qui à la volonté de celui qui commande, aussi bien sur les Troyens comme sur les Rutules. Ainsi dites au soldat : ce n'est plus sur le peuple, c'est sur les bourgeois qu'il faut tirer maintenant, il cessera à l'instant même de faire feu sur le peuple et retournera ses feux de peloton contre les bourgeois qu'il poursuivra de toute sa colère militaire. Le soldat ne se bat jamais par opinion et ne raisonne aucun de ses actes. Il n'en est pas de même de ses chefs. Dites à ceux-ci : au lieu de faire tirer vos soldats sur le peuple, faites-les donc se ruer contre les bourgeois; ils vous répondront naïvement:«Avant tout, nous sommes les auxiliaires du despotisme, nous combattons au dehors pour soutenir sa prépondérance et sa gloire; au dedans, nous combattons pour maintenir sa tyrannie ; nous ferions la guerre aux bourgeois, s'il fallait défendre, comme jadis, l'oligarchie féodale ou la royauté contre la bourgeoisie, ou bien la monarchie contre l'aristocratie ; mais il n'est pas dans la nature de notre institution de protéger jamais le peuple contre les abus de l'aristocratie et les empiètements de la monarchie, et de tous temps, en tous lieux et en tous pays, l'armée a toujours servi à venger les querelles du despotisme, à soutenir les privilèges, jamais elle n'a brûlé une amorce en faveur de la liberté ni de l'égalité!!» Je me trompe ; une seule fois dans l'histoire, en 1792, 93 et 94, après la chûte du trône et jusqu'au 9 thermidor inclusivement, emportée par le torrent de la révolution , l'armée subjuguée devient à son tour républicaine ; elle change le régime despotique de sa discipline intérieure, elle expulse de son sein, au moyen de l'élection, tous ses chefs royalistes, et purgée enfin du venin aristocratique, elle montra un caractère national et des allures franchement révolutionnaires. C'est alors que le prolétaire de l'armée, échappé à la compression de ses chefs, sentit son cœur, et s'unit d'affection et d'intelligence avec son frère, le prolétaire de la nation, qui le conviait depuis si longtemps à cette communion immortelle; ils se reconnurent enfin, ils se jetèrent dans les bras les uns des autres, ils s'unirent, et dès cet instant la France fut sauvée ; les despotes de l'Europe, mis en déroute ou vaincus dans toutes les rencontres, et sur tous les champs de bataille, ne tenaient plus devant nos bataillons sacrés. Mais le soldat d'alors ne ressemblait en rien au soldat automate et dégénéré de nos jours; ce n'était plus les mêmes chefs ni la même discipline, par conséquent ce n'était plus les mêmes hommes. En 93 le soldat était surtout exalté, il chérissait la patrie, il était jaloux à l'excès de sa liberté, il détestait la royauté, et toute sujétion arbitraire et tyrannique de la part de ses chefs lui était odieuse. Le soldat de 93 avait bien fait momentanément abnégation de sa liberté indivi-duelle et même de sa vie, mais non de sa dignité ni de sa raison; son corps, son cœur, son âme, sa pensée, tout son être était consacré à la patrie et à l'égalité. Et voilà comme à cette époque immortelle, chaque régiment de la République était devenu un foyer permanent de patriotisme et une école où les guerriers s'exerçaient à la fois au maniement des armes, et à la connaissance des droits de l'homme et du citoyen, et c'est aussi alors qu'au lieu d'automates enrégimentés, on avait dans les gardes nationales mobiles et dans les volontaires nationaux des légions innombrables de citoyens-soldats, et dans l'armée des soldats-citoyens qui fraternisaient ensemble et rivalisaient d'une noble ambition, en marchant tous de concert et d'un commun accord à la destruction des intrigants à l'intérieur, des tyrans à l'extérieur, et tous d'un élan una-nime à l'émancipation des peuples et à la conquête de la liberté.

Puisque l'armée d'aujourd'hui est essentiellement obéis-sante, et rien de plus, qu'elle ne délibère dans son sein aucun de ses actes, que le soldat n'est qu'un automate, esclave du caprice de ses chefs, sans libre arbitre ni responsabilité aucune, je dis qu'une armée, ainsi composée, ne peut que nous être funeste; en effet, sans sa présence à Paris, dans les affaires de juin, il n'y aurait pas eu de collision possible entre les citoyens; il n'y aurait pas eu un seul coup de fusil tiré de la part des bourgeois sur le peuple, ni de la part du peuple sur les bourgeois, nonobstant leurs dissentiments présumés ou réels; il n'est pas naturel que des citoyens qui jouissent égale-ment des mêmes droits politiques et des mêmes droits de cité,

2

s'entre-détruisent les uns les autres. C'est pour compromettre ces mêmes droits et troubler l'harmonie sociale, que les intrigants politiques ont préparé de longue main ces déchirements intérieurs, cette guerre intestine en se servant de l'aristocratie militaire pour soulever les passions et les préjugés de la bourgeoisie contre le peuple, dans l'intention et le double but de détruire l'égalité civile d'une part, et de l'autre de profiter du conflit pour établir un ordre de choses où l'on put se frayer un large chemin vers les emplois lucratifs, et pêcher ensuite à l'eau trouble. — Il faut savoir qu'en politique, il n'y a pas de terme moyen ; on est tout-à-fait un honnête homme ou tout-à-fait un fripon, et les fripons politiques sont capables de tous les excès, de tous les crimes d'État, rien ne leur coûte. — C'est donc sur les chefs militaires, et plus encore sur la perfidie du législateur, sur la responsabilité des officiers ou fonctionnaires civils que doit retomber tout le blâme public et la vindicte du peuple. Je dis sur les chefs, quoiqu'il y ait encore ici bien des distinctions à faire, car partout où il y a des hommes, il y a des exceptions honorables. Il n'y a que les mauvaises institutions qui soient l'origine et la source unique de tous les vices des hommes et de tous les désordres de la société. Malheureusement, avant d'arriver à la conquête des institutions salutaires qui doivent nous régénérer, il faut faire le procès aux hommes puissants ou corrompus que rien ne peut corriger ni convaincre, comme avant de renverser le monstrueux édifice de la tyrannie royale, il a fallu démasquer et disperser nécessairement tous ceux qui s'obstinaient à protéger son existence et à maintenir ses abus au détriment de nos droits et de la félicité publique.

C'est ainsi qu'aujourd'hui, à la faveur et sous le prétexte spécieux d'une réputation éphémère de loyauté et de franchise militaire, qui n'est que de la rudesse, on va encore une fois nous gouverner despotiquement, nous dominer par un système de terreur, de police et d'inquisition, et que nous allons voir recommencer les anciennes persécutions, les pièges, les embûches tendus aux malheureux patriotes pour les traquer et les proscrire encore une fois, sous le nom d'anarchistes, d'énergumènes ou de démagogues, tout comme on faisait jadis sous le régime de la royauté déchue. Voilà les moyens liberticides et les éléments réactionnaires qui attestent la présence et le règne des factions criminelles au faîte du pouvoir.—La vérité philosophique, la sagesse, la bonne foi, les bonnes mœurs, la probité, la justice, l'égalité, la droiture des caractères et la moralité des citoyens, la libre discussion, le droit illimité de réunion, et notre intervention dans les affaires publiques, voilà dans l'état civil, ce qui constitue l'élément essentiel de notre liberté, la sûreté et la délicatesse dans tous les rapports. C'est aussi ce qui est à l'index, ce qu'on s'efforce de proscrire ou de rendre illusoire, et le génie de l'intrigue et de la calomnie triomphe encore une fois chez nous de la vérité, du droit et de la vertu.

Il y avait longtemps que cette conjuration contre nos droits et notre souveraineté était préméditée ; il y avait longtemps que les esprits réfléchis et les vrais amis de la patrie avaient annoncé et prévu ce coup fatal, cet assassinat moral et politique, dont les journées de juin, préparées d'avance et à dessein, n'ont été que le prétexte, le prélude et l'avant-coureur ; mais quand on est dépourvu d'autorité, on n'a point d'influence, on a beau voir clair et prophétiser le sinistre d'avance et bien avant les événements, les moyens coërcitifs manquant pour conjurer l'orage, il éclate malgré vous, et vous tue.

Cependant personne ne peut le nier et tout le monde en convient, la République est bien notre unique et véritable mère à tous tant que nous sommes, riches et pauvres, ignorants et érudits, paysans, citadins, laboureurs, artisans ; mais tous, tant que nous sommes, citoyens-soldats et soldats-citoyens, nous la méconnaissons et la répudions, malgré son amour pour nous, et en dépit de toutes nos convictions. C'est tout simple; nous sommes vis-à-vis d'elle à peu près dans le même cas que ces enfants de Paris, qu'on expatrie, dès qu'ils viennent au monde, du toît paternel, et qu'on envoie bien loin, dans la Bourgogne ou la Champagne, pour y recevoir les premières impressions de l'enfance qui ne s'effacent plus, et les premiers soins d'une mère mercenaire, dont tous les devoirs, sous le rapport de l'éducation matérielle et morale, se calculent d'après le tribut pécuniaire qu'elle prélève sur eux. La nature, le cœur, les tendres affections n'entrent pour rien dans les relations de l'enfant et de sa nourrice : on lui prodigue bien tous les soins que réclame son état de faiblesse; mais les douces étreintes, les caresses folles et passionnées qui décèlent les illusions et les entrailles d'une tendre mère lui sont totalement inconnues, et son cœur glacé, n'ayant jamais connu les douces et vives affections de la nature, n'est plus susceptible de sentir ni d'aimer.—Son temps fini, l'enfant est sevré; on le ramène à Paris auprès de sa véritable mère qu'il n'a jamais vue, de celle qui lui a donné l'être, et qui durant son absence, se préoccupait sans cesse de son sort; mais rien au monde ne peut le convaincre ni dessiller ses yeux ; il la dédaigne, il la repousse tout comme il ferait à l'égard d'un objet qui lui serait suspect ou totalement étranger et funeste ; rien ne peut dissiper ses erreurs ni le dissuader. Ainsi notre République se trouve être conspuée de même par tous nos magistrats, par tous nos députés, par la plupart des citoyens, qui la méconnaissent parce qu'ils ont été élevés à l'instar des enfants de Paris, loin d'elle et par une marâtre, dont ils ont sucé le premier lait, par la monarchie enfin, vers laquelle il faut qu'ils nous ramènent sans cesse, bon gré, malgré, contre notre intérêt et sans notre aveu. Nos députés sont vis-à-vis de la République exactement comme OEdipe à l'égard de Jocaste : ils ont été incestueux vis-à-vis de leur mère, qu'ils ont méconnue et violée; sortis du peuple, dont ils tirent leur

origine et tous les pouvoirs, ils le méconnaissent également
et l'assassinent tout comme fit OEdipe vis-à-vis de Laïus dont
il était issu.

CHAPITRE III.

Propagande démocratique et sociale.

La monarchie ne peut point se passer d'aristocratie ; l'aristocratie ne peut pas se passer de démocratie ; il n'y a que la
démocratie qui puisse se suffire à elle-même sans le secours
d'autrui. C'est elle, en effet, qui par son labeur et les fruits
de son industrie, alimente, soutient et nourrit tout le monde.

La monarchie tend sans cesse à s'isoler et à se concentrer
vers le despotisme le plus absolu, le plus arbitraire. Son caractère distintif est l'égoïsme, la cruauté et la férocité ; sa politique toute problématique et ténébreuse, l'oblige à dissimuler, à se tenir à l'écart, toujours armée et prête à frapper.
Elle ne se montre au peuple que la foudre ou le glaive à la
main. Il lui faut des courtisans souples, avilis et rampants, des
sujets soumis, des esclaves abrutis qui ne raisonnent point.
Ici, l'état civil, calqué absolument sur le régime militaire,
n'est qu'un état d'abrutissement et d'obéissance passive, un
état de violence et de force.

L'aristocratie vit, comme toutes les plantes parasites, de priviléges, de sinécures, de monopoles, d'intrigues et de toute
sorte d'abus. Son caractère est la perfidie, la fourberie, la
calomnie, le machiavélisme, la ruse, la fraude, la corruption,
la lâcheté et le vice. — La liberté avec elle n'est qu'une chimère dont elle leurre sans cesse la démocratie et qu'elle finit
toujours par lui extorquer.

La monarchie et l'aristocratie sont rivales et jalouses entre
elles : elles sont antagonistes par rapport à leurs prétentions
féodales et seigneuriales : c'est à qui dominera l'une sur l'au-

tre, rien que dans un esprit d'orgueil, d'amour-propre et de vanité. Mais à l'égard de la démocratie, il faut qu'elle soit subjuguée : tout esprit d'union, d'égalité et de fraternité est antipathique et proscrit; il n'y a aucun genre de tolérance et d'accommodement, aucun lien qui puisse les unir et les rapprocher. La monarchie et l'aristocratie peuvent faire cause commune entre elles, jamais elles ne feront fusion avec la démocratie dont elles ont été et seront éternellement les ennemies intraitables.

La démocratie n'aura jamais qu'une existence précaire et hypothétique tant qu'elle sera dépendante, tant qu'elle ne sera pas à son tour maîtresse absolue, et qu'elle ne régnera pas par droit de conquête sur la monarchie et sur l'aristocratie. Entre des étrangers, il n'y a de lien commun que le droit des gens, que des relations toutes politiques : il n'y a pas de contrat social. C'est ainsi que Napoléon, et Louis-Philippe en dernier lieu, en avaient agi vis-à-vis de la démocratie qu'ils avaient frappée d'exhérédation politique et privée de ses droits de cité : ils ne régnèrent sur elle que par droit de conquête. C'est ainsi que doit en agir à son tour la démocratie : car il ne peut y avoir de citoyens dans un état démocratique que les républicains, et tout le monde doit l'être ou est forcé de le devenir en vertu de son droit et naturellement. S'il y a des rebelles, des insensés ou des traîtres, il faut les contenir. — Cette manière d'agir, cette politique de la part de la démocratie est dans la nature de ses rapports, et est la condition essentielle de son existence. Il n'y a pas de patrie, de cité ni d'état civil en dehors de la démocratie : elle seule est dans la nature et forme le contrat social. Hors d'elle tout dépérit : l'homme n'est plus dans son élément; il dégénère au physique, comme sous le rapport intellectuel et moral. Ce n'est plus qu'un animal malfaisant soumis à des passions brutales et déréglées.

En 1830 la démocratie fait une révolution, renverse une

monarchie imbécille et corrompue, et donne gratuitement une couronne à une dynastie nouvelle; bientôt après, ô gratitude des princes ! les républicains sont embastillés, persécutés, mitraillés, fusillés, conspués et presque deshonorés, parce-qu'au point de vue de la monarchie nouvellement improvisée, la démocratie né se composait plus que de bouzingos et de brigands qu'il fallait expulser, traquer et exterminer à tout prix. — Excédée enfin de persécutions, de misère et d'opprobre, la démocratie, saisissant une occasion favorable, fait une seconde révolution pour se réhabiliter et réparer la sottise de 1830, en expulsant l'ingrate royauté de juillet; elle proclame la République qu'elle abandonne et cède fraternellement et de confiance à l'aristocratie bourgeoise : quatre mois après cette miraculeuse et bienfaisante révolution, la démocratie ne se compose plus, aux yeux de cette aristocratie roturière et nouvellement parvenue, que d'un ramas de brigands, de forçats libérés, qu'il faut mitrailler, fusiller, assassiner et exiler ou déporter sans quartier ni pitié. La récompense est douce et flatteuse, et il faut avouer que le peuple, soit de la part de la monarchie, soit de la part de l'aristocratie, se trouve noblement traité par tous les nouveaux parvenus, et qu'il a de la chance à se montrer grand et généreux après la victoire ! Qu'il a eu affaire, en 1830 et 1848, à des gens délicats et bienfaisants, à des gens bien appris qui ne marchandent pas et qui savent reconnaître les services rendus, les bons et honnêtes procédés ! — Néanmoins tout ceci servira de leçon et doit apprendre à la démocratie qu'en politique, comme en toute chose, il ne faut se rallier qu'à soi-même, et travailler en vue de son intérêt propre, et quand on a fait sa part, comme le lion, faire ensuite équitablement celle des autres. Toute la politique du peuple consiste à ne faire que ce qui est juste, et à traiter ses ennemis comme des ennemis, non pas en suivant la loi du talion, ni en exerçant des actes de représailles : le peuple, précisément parce qu'il est peuple, ne peut ni ne doit se venger; mais il suit et prend pour règle la loi du salut public : *Salus populi suprema lex esto.* —En agir autrement, c'est se dévouer soi-même volontairement au martyre, c'est travailler inutilement et en pure perte, à peu près comme Pénélope qui passait tout son temps du lendemain à défaire l'ouvrage de la veille.

Le répnblicain ne doit jamais oublier que ce sont les faux principes et les institutions vicieuses qui sont la source de tous les maux de la société. L'homme est né bon, c'est incontestable. Les hommes ne sont devenus méchants qu'accidentellement et non par inclination ni par nature ; il faut donc remonter sans cesse à la cause de nos maux si nous voulons en tarir les effets pernicieux. On doit se montrer très sévères, inexorables même sur la culpabilité et les vices des magistrats, mais très indulgents envers les fautes des particuliers. Un individu quel qu'il soit n'est qu'un atôme : l'humanité est tout.—Les hommes seront toujours ce que le législateur voudra les faire. C'est donc sur le caractère et la moralité du législateur qu'il faut s'appesantir et fixer toute son attention ; car il est l'arbitre de nos destinées, et le mal nous vient d'en haut, jamais d'en bas.

Il faut que le citoyen qu'on destine à gouverner le vaisseau de l'état, soit un pilote habile, d'un caractère ferme et résolu, sage et expérimenté (ce poste ne convient pas à des vieillards usés par les ans ;) il faut qu'à lui seul il est assez de raison, de bon sens et de jugement, assez de tact et de discernement pour suppléer au défaut et à l'insuffisance de tous ceux qui en manquent, et le nombre en est grand dans une société qui péche précisément par le côté essentiel de son éducation politique : combien d'hommes savants et érudits qui sont totalement ineptes dans la connaissance du cœur humain et des affaires publiques. Il faut enfin dans une société politique, un homme politique, un homme d'état pour manœuvrer le timon du vaisseau et sauver du péril une nation ignorante qui veut le bien, mais qui ne voit pas toujours les routes tortueuses et obliques qui y conduisent ; il faut avoir appris et étudié sa carte stratégique, et connaître d'avance l'itinéraire des contrées qu'on doit explorer et parcourir sans encombre ; il faut savoir tourner les courants, éviter les écueils contre lesquels, faute de prudence et d'appréciation, on s'expose à sombrer.— Que voulez-vous espérer d'un poète pour qui tout est illusion ou chimères, qui ne se complaît que dans les régions éthérées ou dans les espaces imaginaires, qui rêve sans cesse un bonheur idéal et mensonger ; tout ce qui le séduit et l'égare, tout ce qui l'abuse et le charme, est, pour les aberrations de son imagination fascinée, le suprême bonheur ; c'est à l'image et à l'apparence des choses qu'il s'attache sans cesse, jamais à la réalité ni à la vérité. — Il monte son luth, il fait vibrer sous sa touche légère et gracieuse les cordes de sa lyre harmonieuse, et aux accents merveilleux de sa voix éclatante, mon heureux et frivole poète voit les montagnes se niveler, les temples s'ouvrir ou se fermer au gré de ses fictions : tout chez lui est romanesque, héroïque ou fabuleux : il ne fait qu'embellir sa vie de douces et ravissantes extases, de rêves chimériques ; mais c'est au réveil que le prestige tombe et s'évanouit ; ici, la scène change, l'étoile du poète pâlit ; le vide de sa politique défaillante, les mystérieuses inspirations de sa morale poétique de l'Orient, n'ont qu'une existence éphémère, tout est précaire chez le poète, tout s'évapore et disparaît soudain aux premiers éclairs de la raison publique qu'il avait prématurément subtilisée. — Un poète bâtir des villes ! passe encore ; cela s'est vu je crois dans les traditions de la mythologie ou dans le céleste empire ; mais jamais ici bas ni dans l'histoire ; jamais un poète n'a conçu un plan quelconque de régénération sociale ni mis en relief l'édifice d'un gouvernement populaire ou républicain ; il me semble même, si ma mémoire ne me trahit pas, me rappeler que Platon les expulsait bien loin de sa république qui leur était rigoureusement interdite comme à des êtres efféminés et versatiles, à qui le régime austère des vertus républicaines ne pouvait nullement convenir. — Un poëte, dit Horace, est une espèce de magicien qui produit une persuasion momentanée, au moyen de laquelle il capte et trompe tout le monde.

Un savant est de sa nature un peu béotien. — Il ne me vient jamais, dit Rousseau, une idée vertueuse et utile à propager, que je ne voie à côté de moi la potence ou l'échafaud; avec un Linnœus dans la poche et du foin dans la tête, j'espère qu'on ne me pendra pas. — Un savant n'est donc pas l'homme prédestiné à la conduite du vaisseau de l'État : ce n'est pas là sa place ni sa vocation. S'il est prudent et sage, il ne la convoitera jamais. Un savant dont la tête est comme une Sorbonne, pleine de formules et de problèmes, ne peut pas s'astreindre à l'étude aride du cœur humain, ni à observer les hommes dans les rapports de morale et de politique qui les unit entre eux et avec l'État. Cette étude futile est trop au-dessous de ses vastes conceptions; il la dédaigne comme un objet sans portée, indigne de ses hautes préoccupations. Il n'y a rien dans l'évangile de la raison et de la liberté, dans la connaissance des droits de l'homme et du citoyen qui soit apte à toucher son cœur, ni digne de servir d'aliment à ses profondes et laborieuses élucubrations. — La loi fondamentale de l'État, le pacte social d'où dépend le repos, la destinée des générations présentes et le sort des races futures n'est pour lui qu'un objet d'un médiocre intérêt et très accessoire, comparé à la gloire d'une nouvelle découverte dans les sciences mathématiques, physiques ou astronomiques. Lire dans le ciel, expliquer les lois et tous les phénomènes de la nature, annoncer le passage et les effets lumineux d'une comète, prédire une éclipse, c'est là pour le savant l'objet et le but essentiel de ses recherches incessantes et de son ambition. — Une révolution politique et sociale est d'abord accomplie, et n'est plus d'aucun intérêt pour lui, dès l'instant où on a divisé la France en départements, qu'on a établi le système décimal, remplacé le calendrier grégorien par l'almanach républicain avec les mois de vendémiaire, brumaire, frimaire, et substitué les décades aux semaines avec les jours de primidi, duodi, tridi, au lieu de lundi, mardi, mercredi, etc. — Tout se réduit et consiste dans ces changements de mots très importants pour quelques-uns, très insignifiants pour beaucoup d'autres. — Les institutions morales et politiques qui doivent régénérer les mœurs d'un peuple ignorant et dissolu, sauvegarder sa liberté, assurer ses droits, garantir son existence et sa dignité, sont pour lui des questions oiseuses et puériles ou des problèmes dont la solution ne conduit qu'à des utopies subversives de l'ordre social. — Les savants pensent et raisonnent en philosophes spéculatifs, jamais d'après les théories morales et politiques des philosophes hommes d'État.

Il y a cette différence entre les sciences et la philosophie, que les sciences ont pour élément des mots, et la philosophie des vertus.

La nature a placé dans les cœurs les germes de la philosophie puisqu'elle y a mis ceux des vertus.

La philosophie a pour but le bonheur de l'homme, elle le considère sous le rapport public et sous le rapport privé.

L'homme d'État est donc un être, en quelque sorte, étranger aux sciences, et en dehors de la philosophie des savants, par la raison et à cause de son ignorance même; sa philosophie est et se trouve tout entière dans l'évangile de la liberté, dans la table des droits de l'homme et du citoyen, dans l'étude et la connaissance du cœur humain, dans la sécurité et la délicatesse des rapports. La philosophie des savants vient des hommes, elle est toute scientifique, elle a son principe dans des hypothèses diverses, dans des systèmes métaphysiques quelquefois profonds et même très ingénieux, mais le plus souvent et presque toujours dans des rêveries creuses, dans des théories occultes, obscures, ténébreuses et variables à l'infini. Cette philosophie n'est pas celle de l'homme d'État, elle n'est propre qu'à la coterie des hommes érudits. L'autre tire son origine de la nature et de la morale, elle forme l'homme, elle élève et ennoblit l'âme, elle fait le citoyen, elle embrasse l'humanité tout entière, elle éclaire le genre humain et est éternelle comme lui; elle est la base, le fondement de l'édifice social, la sauvegarde et la garantie de la félicité publique; on peut dire d'elle ce qu'on dit du soleil : le monde n'est rien sans moi, de Dieu je suis l'ouvrage. Voilà celle que je préconise, voilà celle qui doit nous guider dans le chemin tortueux de la vie, et d'après laquelle chacun agit, sent et raisonne comme tout le monde; c'est elle qui fait que tous les hommes sont frères, s'unissent, se comprennent et s'entendent à des distances incommenrables et d'un bout de l'univers à l'autre; c'est elle qui nous donne des mœurs, qui nous rapproche ou nous divise et nous éloigne les uns des autres, selon l'usage qu'en fait le législateur entre les mains duquel elle est un agent tout puissant pour produire le bien ou le mal, et nous accabler ou nous réjouir à sa volonté; tout dépend ici de la pureté, de la bonne foi, de la sincérité du législateur; c'est par elle qu'on régénère un peuple dégénéré et corrompu, qu'on lui rend sa vertu native, l'énergie, la force, le courage de la jeunesse; c'est en dénaturant son principe qu'un législateur perfide et malintentionné parvient à réaliser ses projets liberticides, à nous asservir, à nous dépraver, à nous démoraliser et à nous entraîner insensiblement et à notre insu, par une pente irrésistible, vers le dernier terme de la décrépitude d'un peuple et de sa décadence. Il y travaille avec ardeur et sans relâche; c'est là le but unique de sa politique astucieuse; il faut qu'il soit seul en renommée et tout puissant dans l'État; il faut que tout soit assujéti à ses caprices, que tout rampe sous sa domination arbitraire ou soit abattu

sous ses pieds augustes. Voilà la tache irrémissible, le for-
fait, le crime abominable de tous les tyrans. — Je reprends.
La philosophie du citoyen doit être en raison de ses vertus ;
et la philosophie du savant en raison de ses capacités et non
de sa moralité. Ainsi une grosse tête et de gros yeux indi-
quent chez le savant une tête très philosophique, comme
disait l'homme aux fameuses protubérances, le docteur Gall,
comme disent tous les métaphysiciens, tous les phrénolo-
gues et les psycologues sans exception ; néanmoins, malgré
l'érudition, la renommée et l'autorité de tous ces hommes
d'élite, je ne crois pas, moi, que ce soit encore là l'école
qui conduise jamais les peuples à la liberté, à la vertu, au
bonheur. — Si jamais une philosophie si simple pouvait prédominer dans le monde, avec elle, une assemblée de représentants élus par le suffrage universel, n'aurait nullement
besoin de s'entourer de canons et de baïonnettes ; il n'y
aurait plus rien à redouter pour elle : une telle assemblée
pourrait braver et défier le monde entier.

Quant aux savants économistes, versés dans l'art et la
science indispensable à l'entretien de l'existence, je ne crois
pas non plus qu'il fût prudent de leur abandonner la direction du vaisseau de l'État ni de les en exclure entièrement,
il faut les y appeler au contraire ; mais au lieu de les tenir
au gouvernail et leur faire faire une manœuvre si périlleuse
et si difficile à tant d'égards, je crois, moi, qu'ils seraient
beaucoup mieux et plus utilement placés à la cuisine du vaisseau, avec la mission spéciale d'approvisionner et de pourvoir
à l'alimentation de l'équipage.

Je fouille à ce propos dans mes tablettes, et j'y trouve
sur cette science économique dont on fait tant de bruit, les
principes suivants, extraits de divers publicistes célèbres.

« Quel est le premier objet de la société ? c'est de maintenir les droits imprescriptibles de l'homme. Quel est le
premier de ces droits ? celui d'exister. » De là vient évi-

demment le droit au travail si injustement contesté.

» La première loi sociale est donc celle qui garantit à tous les membres de la société les moyens d'exister ; toutes les autres sont subordonnées à celle-là ; la propriété n'a été instituée ou garantie que pour la cimenter ; c'est pour vivre d'abord que l'on a des propriétés. Il n'est pas vrai que la propriété puisse jamais être en opposition avec la subsistance du peuple.

» Les aliments nécessaires à l'homme sont aussi sacrés que la vie elle-même. Tout ce qui est indispensable pour la conserver est une propriété commune à la société entière. Il n'y a que l'excédant qui soit une propriété individuelle et qui soit abandonnée à l'industrie des commerçants. Toute spéculation mercantile que l'on fait aux dépens de la vie de son semblable n'est point un trafic, c'est un brigandage et un fratricide.

» Dans tout pays où la nature fournit avec prodigalité aux besoins des hommes, la misère du peuple ne peut être imputée qu'aux vices de l'administration ou des lois elles-mêmes ; les mauvaises lois et la mauvaise administration ont leur source dans les faux principes et dans les mauvaises mœurs.

» Le plus grand service que le législateur puisse rendre aux hommes, c'est de les forcer à être honnêtes gens.

» Les mauvais citoyens sont toujours de malhonnêtes gens.

» Le plus sûr garant de la tranquillité publique, c'est le bonheur des citoyens.

» Jamais un peuple heureux ne fut un peuple turbulent.

» Les longues convulsions qui déchirent les états ne sont que le combat des préjugés contre les principes, de l'égoïsme contre l'intérêt général, de l'orgueil et des passions des hommes puissants contre les besoins des faibles.

» La morale doit être la théorie des lois, avant d'être celle -

de la vie civile. La morale qui gît en préceptes isole tout; mais fondue, pour ainsi dire dans les lois, elle incline tout vers la sagesse, en n'établissant que des rapports de justice et d'égalité entre les citoyens, » — De là naît tout naturel-lement la fraternité.

» On ne peut se dissimuler que notre économie soit altérée en ce moment, comme le reste, faute de lois et de justes rap-ports.

» Un peuple est conduit facilement aux idées saines.

» Il est des mœurs politiques qu'un peuple prend le même jour qu'il a des lois.

» Quand vous aurez donné une patrie au peuple et garanti son existence, l'indigent oubliera ses maux et le riche sentira son cœur; jusque-là le pauvre sera turbulent, envieux, et le riche avare et égoïste.

» L'harmonie sociale ne s'obtient que par les lois.

» Il faut une constitution excellente qui lie tous les inté-rêts.

» Un peuple qui n'est pas heureux n'a point de patrie, il n'aime rien ; et si l'on veut fonder une République, il faut tirer le peuple de son état d'incertitude et de misère qui le dégrade et le corrompt.

» Il est dans la nature des choses que notre industrie, notre commerce et nos affaires économiques se brouillent de plus en plus jusqu'à ce que la République établie embrasse tous les rapports, tous les intérêts, tous les droits, tous les devoirs, et donne une allure commune à toutes les parties de l'État. — Il n'y a pas de capital, quelqu'énorme qu'il soit, ni de système économique qui puisse suppléer à cela.

» Le législateur doit calculer tous les produits dans l'Etat, et faire en sorte que le signe les représente.

» Il faut enfin équipoller le signe, les produits, les besoins; voilà le secret, non de la science, mais de l'administration économique.

» Un gouvernement est parvenu à son dernier degré de corruption quand il n'y a plus d'autre nerf que l'argent : c'est pourquoi les plus mauvais gouvernements sont ceux où, pour subsister, il faut que les subsides augmentent sans cesse.

« Pour répartir les taxes d'une manière équitable et vraiment proportionnelle, l'imposition n'en doit pas être faite seulement en raison des biens des contribuables, mais en raison composée de la différence de leurs conditions et du superflu de leurs biens.

» Posons de bonne foi les principes du droit de propriété ; il le faut d'autant plus qu'il n'en est point que les préjugés et les vices des hommes aient cherché à envelopper de nuages plus épais.

» La propriété est le droit qu'a chaque citoyen de jouir et de disposer de la portion des biens qui lui est garantie par la loi.

» Le droit de propriété est borné, comme tous les autres, par l'obligation de respecter les droits d'autrui.

» Il ne peut préjudicier ni à la sûreté, ni à la liberté, ni à l'existence, ni à la propriété de nos semblables.

» Toute possession, tout trafic qui viole ce principe, est illicite et immoral.

» Les citoyens dont les revenus n'excèdent point ce qui est nécessaire à leur subsistance, doivent être dispensés de contribuer aux dépenses publiques ; les autres doivent les supporter progressivement, selon l'étendue de leur fortune.

» Riches égoïstes, sachez prévoir et prévenir d'avance les résultats terribles de la lutte de l'orgueil et des passions lâches contre la justice et contre l'humanité. Apprenez à goûter les charmes de l'égalité et les délices de la vertu ; ou, du moins, contentez-vous des avantages que la fortune vous donne, et laissez au peuple la liberté, du pain, du travail et des mœurs. »

Le sabre ne peut rien fonder, rien instituer : il ne peut que ravager et détruire. Il fera le bien, s'il est dirigé avec discernement et soumis à une volonté intelligente, à une autorité supérieure et dominant la sienne; mais il fera toujours le mal et le désespoir de la patrie dès qu'il sera indépendant et livré à sa seule et unique impulsion. Il faut qu'il soit enchaîné et réfréné par un pouvoir civil; il faut qu'il soit essentiellement obéissant et asservi par la loi civile. S'il est plus puissant que le peuple et supérieur à sa volonté, il devient l'assassin de la patrie, le fléau de la liberté, et la terreur des bons citoyens. — Qu'on se figure un bras robuste et nerveux, une main exercée et habile produisant des ouvrages merveilleux; ni ce bras ni cette main, malgré l'admiration qu'ils excitent, ne constituent l'âme, le génie de l'artiste; les belles productions, les chefs-d'œuvres remarquables qui proviennent d'un travail purement mécanique, ne sont rien et perdent tout leur prix dès l'instant que la pensée qui crée, que l'action qui vivifie et anime vient à disparaître; c'est pourquoi cette main d'abord si habile, dépourvue tout-à-coup d'intelligence et de direction, se transforme presque aussitôt en un instrument de destruction et de ruine. Tel est le législateur d'un peuple gouverné et administré militairement : ce peuple a bien un bras pour frapper, mais privé de l'organe essentiel qui délibère, il frappe en aveugle, à tort et à travers, sans rime, ni raison, à l'instar de ce magnanime et débonnaire Napoléon, de cet illustre et grand capitaine qui, dévastant l'Europe, asservissant les peuples, foulant tout sous ses pieds, mitraillant l'humanité, franchissant les monts et les mers, détrônant tous les rois, passant chez nous le Rubicon et usurpant nos droits, sut enfin par son génie tutélaire, captiver nos cœurs, enchaîner la nation, étouffer la liberté, disperser tous les hommes généreux, écraser les gens de bien, s'entourer de courtisans et de plats valets, et se rendre maître absolu en vingt-quatre heures et pour vingt-quatre heures, en faisant régner et prédominer par tout la loi persua-

sive du sabre et de la poudre à canon. Une des maximes favo-
rites de ce guerrier sensible et généreux, était qu'il fallait
dompter les hommes comme les chevaux avec les éperons dans
ventre et une verge de fer à la main (1). Comme il était
bon, charitable et humain ! comme il s'y entendait à gouverner les peuples, à les régénérer, à les discipliner, à étendre
les progrès de la liberté et à maintenir l'ordre public ! Vive
ce bienfaiteur de l'humanité ! ô le saint homme, comme il était
républicain ! Comme le *roie* Louis-Philippe, il ne voulait que
notre *bien*, tout notre *bien*. — Il nous a laissé dans de si
beaux draps que j'opine ou plutôt je fais la motion expresse,
aujourd'hui où nous avons une constitution républicainement
octroyée, avec laquelle il nous est également imposé de
nommer un président de la République, qui n'est qu'un roi
déguisé, je fais, dis-je, la motion, pour honorer la mémoire
de l'ex-empereur, et être conséquents avec nous-mêmes,
d'aller chercher dans cette race illustre, un émule de sa
gloire, un prétendant pour le substituer à notre place et lui
abandonner nos droits et notre souveraineté rendue illusoire,
escamotée ou dénaturée dans son essence par nos dignes et fi-
dèles représentants si habilement instruits dans l'art d'éluder
les principes et de tourner les questions périlleuses.— Ainsi
abandonné à sa seule et unique impulsion, le soldat fausse ou
détruit toutes les institutions civiles, la patrie s'évanouit, la
liberté expire, la tyrannie triomphe et règne en effet exclusi-
vement sur les ruines de l'État civil, sur le cadavre ensanglanté
et tout mutilé du corps politique et social. Dès lors, il n'y a
plus de citoyens, plus de peuple, il ne reste qu'une multitude
d'indvidus agglomérés ou épars çà et là, vivant à la merci et
sous le bon plaisir d'un despote stupide et absolu, que tout le
monde appréhende et redoute, que tout chacun évite et n'ose

---

(1) Dictionnaire de Boiste au mot *que*.

aborder; car lui seul a droit de vie et de mort, et gouverne arbitrairement selon son caprice.

Le despote est un homme d'un caractère orgueilleux et altier; sa volonté est inflexible : il ne souffre pas qu'on le provoque et ne veut d'aucune remontrance; si on le brusque, si on le harcèle trop vivement, il éclatera soudain selon son tempérament, irrascible et emporté. Il n'y a point de justice ni d'autorité supérieure à la sienne. Il lui faut une soumission aveugle, une obéissance absolue. La lutte une fois engagée, il s'emporte de plus en plus; sa fureur va toujours croissant et de fièvre en chaud mal. Dans cet état d'exaspération et de paroxisme, il finit par perdre totalement la raison et par ne plus se connaître : son égarement est à son comble; il méconnaît également tout ce qui l'entoure, ses courtisans, ses favoris : il ne voit partout que des ennemis conjurés; tout lui devient insupportable, odieux et suspect. Dès lors, il frappe sans distinction sur les grands comme sur les petits, sur l'innocent comme sur le coupable; il n'y a plus de salut ni de sûreté pour personne; le mécontentement grossit et gagne tout le monde; le danger est universel; tout chacun est en péril, mais alors on se soulève en masse et sa dernière heure a sonné.

La loi du despote est l'arbitraire et la force. Le peuple est dans un état de dépendance absolue; il est sujet, il est esclave; il végète à l'écart, dans l'isolement; il est à peu près tranquille et heureux comme individu, mais malheureux comme citoyen.

Le républicain est un homme à principes, à sentiment, à conscience; le peuple est républicain de sa nature, par position et par besoin; sa passion est la justice, l'égalité, la liberté. Ce parti nombreux a toujours existé; il se développe, s'accroît, se multiplie sans soin, sans peine et sans effort; il se montre redoutable, passionné, exalté lorsque ses propres lumières, résultant, non d'une étude préparée d'avance et longuement élaborée, mais d'un besoin naturel, d'un instinct rapide qui lui signalent à l'aide des circonstances et des événements, la jouissance de ses droits et de sa liberté comme prochaine et possible.

Le despote est enclin à la réflexion, à l'étude, aux sciences, à toutes sortes de spéculations philosophiques; le républicain cultive ses sentiments, étudie la nature, l'histoire, le cœur humain et la morale. Entre ces deux caractères d'hommes, il n'y a que des insensés, des exploiteurs, des rusés, des hommes inconsidérés qui usent et abusent de tout.

Le despote peut faire le bien par le fait de ses calculs et de sa raison; la sécurité et le bonheur de la société dépendent alors du tempérament moral et du caractère particulier de l'individu. Le républicain fait le bien par esprit de justice, par sentiment; ces deux mobiles de ses actions le poussent toujours au-delà de l'égoïsme et de la froide raison; ici la sécurité et le bonheur de la société dépendent de la société elle-même. Entre ces deux principes, il n'y a que passion, caprice, incertitude, et par conséquent on ne peut compter sur rien de stable, sur rien de bon : la société se trouve toujours en souffrance et en péril.

Sous le despotisme, on rencontre des vertus domestiques et privées : sous la République, on cultive et les vertus privées et les vertus publiques. Entre ces deux principes, toutes les passions se trouvent déchaînées : il n'y a qu'hypocrisie, égoïsme, vénalité, corruption, espionnage et persécution.

Le despote et le philosophe sont des êtres à part et vivent à l'écart : le républicain est du peuple et vit avec le peuple.

L'aristocrate est un homme à opinions, à systèmes, et par conséquent d'un caractère mobile et versatile : il est comme tous les êtres faibles, rempli d'amour-propre, de vanité, de fadaise et d'ostentation : il vit d'intrigues et de priviléges; il est rusé et égoïste, il ne s'applique qu'à exploiter les événements, les circonstances, les individus et la société; il est hypocrite, vil et bas, souple et rampant, lâche et cruel : avec lui, il n'y a jamais d'état réel et social ; il y a ni sécurité pour le présent ni avenir ; il vous leurre toujours et vous trompe sans cesse. L'aristocrate a des passions — le républicain des vertus.

La République est un état naturel, de bonheur, d'égalité, de fraternité, de lien entre tous les citoyens. Mais avant d'arriver au règne prospère et paisible de la République, il faut auparavant avoir traversé heureusement les orages et les tempêtes de la Révolution. La République n'est qu'à ce prix. — Vouloir un gouvernement républicain sans les mœurs et les institutions qui le constituent, c'est vouloir ce que nous voyons actuellement, l'anarchie, le règne des factions, l'assassinat et la misère du peuple ; vouloir un gouvernement, rien qu'un gouvernement, c'est demander l'asservissement et l'esclavage du plus grand nombre : c'est le despotisme ; vouloir un gouvernement constitutionnel semblable à celui de la Charte de 1830, en dehors de la souveraineté du peuple et rien qu'avec des institutions favorables à une seule classe de citoyens privilégiés, c'est créer une aristocratie insolente et avide qui avilit, qui dégrade, ruine et égorge le peuple.

Louis-Philippe, avec son despotisme bâtard, a fait bien ou mal son métier ; l'aristocratie roturière l'a fait un peu mieux jusqu'ici, puisqu'elle a réussi, malgré qu'elle soit naturellement imprévoyante à cause de son avarice et de l'appât du moment qui la préoccupe sans cesse ; elle allait succomber en février 1848, nonobstant tous ses banquets, dans sa lutte avec Louis-Philippe, tout comme elle aurait succombé en juillet 1830 avec Charles X, sans l'intervention armée et soudaine du peuple. — Louis-Philippe, d'une part, en octroyant la Charte-vérité ; la bourgeoisie, d'autre part, en acceptant ce contrat singulier, nourrissait tous les deux, l'arrière et mystérieuse pensée de s'exploiter réciproquement. Les 221 jésuites tricolores de 1830, et Louis-Philippe se sont payés tour à tour de mots et de grimaces ; ils ont vécu ensemble durant dix-huit ans consécutifs, à peu près comme les moines d'autres fois qui se prenaient sans se connaître, vivaient en commun sans s'aimer et se quittaient sans se regretter.

Vous autres, soldats intrépides des barricades, qui n'avez que des âmes fortes et droites, qui n'avez pour vous que la justice céleste, le sentiment de vos droits et le sort de Tentale ici bas, vous serez toujours, aux yeux des intrigants, ce peuple de dupes que l'on se dispute, que l'on exploite et que l'on foule ; vous êtes la matière première de l'impôt, la plèbe, les ilotes que l'on traîne dans les cachots, qu'on expose au carcan, qu'on envoie aux bagnes, au supplice même après avoir servi d'instruments dociles ou aveugles, au despotisme contre vous-mêmes, ou d'auxilliaires, séduits ou abusés, contre le despotisme, à l'aristocratie qui vous enchaîne ensuite et vous sacrifie à son égoïsme et à son ambition. On vous repousse ! on vous transporte ! on vous conteste votre place au soleil, le droit au travail et à l'existence ! Et cependant, sans vous et sans le peuple, dont vous n'êtes que les sentinelles avancées, personne n'est assuré de sa fortune et de sa propriété ! N'est-ce pas le peuple qui va extraire au péril de sa vie et au détriment de sa liberté, la matière première des arts dans les entrailles de la terre ? qui fouille, sillonne et féconde la surface ? La soie, le chanvre, la laine, le cuir, les métaux passent par ses mains laborieuses ; c'est lui qui monte et équipe nos flottes, qui peuple les armées, garnit les places fortes, protège le pays, en même temps qu'il l'enrichit ; c'est lui qui trace les routes, les canaux, vivifie et ranime les sources taries du négoce, de l'industrie, en leur ouvrant, par des traités de paix ou par les armes, de vastes débouchés. N'est-ce pas lui qui burine les pages sublimes de l'histoire ? qui châtie et punit les tyrans, tue le fanatisme, humilie et dissipe l'orgueilleuse féodalité ? c'est lui qui, à travers les mers, les fleuves, les nations, va graver son nom au pied des pyramides, s'élance sur la cime des **Alpes** et des **Pyrénées**, contemple, le front dans les cieux, l'Europe étonnée ; réveillé du bruit du bronze et de l'airain, du bruit des armes et de ses pas, les peuples endormis **dans les bras** des **tyrans** et les appelle à la liberté ! c'est lui qui rétablit la vérité méconnue, ramène la justice exilée, réhabilite et venge la mémoire des bienfaiteurs de l'humanité, victimes des outrages de l'imposture et de la calomnie ! C'est lui enfin, qui donne de l'éclat à la vie des héros, leur ouvre les portes du Panthéon et leur assure l'immortalité !

Qu'il est glorieux d'être peuple et de servir sa cause ! c'est pourquoi je lui ai voué mon cœur, ma pensée et mon bras ; je ne veux point qu'on le fasse croupir dans l'indigence et la misère ; je ne veux point qu'il soit persécuté juridiquement et assassiné sur la place publique ; je ne veux point qu'il aille expier dans l'exil, sur une plage inhospitalière et lointaine, le prix de son héroïsme et des services rendus à la patrie ! je veux qu'il reste, qu'il vive, qu'il soit heureux dans Rome et qu'il en chasse ses tyrans, ou du moins je veux un changement de système ; je veux la domination de la loi substituée au caprice et à l'arbitraire des hommes.

Le gouvernement n'appartient point à un individu ; il n'appartient pas non plus à une catégorie, à une classe de la société : il est à tout le monde : il est donc la propriété du peuple : c'est donc lui qui doit être l'unique prétendant et le seul président de la République ; c'est lui qui doit être le souverain de fait et de droit. Afin que sa souveraineté, ses droits, son bien-être et sa liberté ne soient point des biens illusoires, il doit nommer ses magistrats, ses juges, ses commissaires, ses maires, ses députés, et les révoquer à sa volonté par le moyen d'un tribunal populaire élu par lui, pris dans son sein, et saisi de pouvoirs assez étendus pour poursuivre et punir les fonctionnaires et les mandataires prévaricateurs. Quand sur le trésor on a pourvu au traitement, au salaire exigu et économique des magistrats, le reste de l'impôt prélevé sur les contribuables est la liste civile du peuple. Le peuple doit être assuré, non du luxe et du superflu, mais du nécessaire de la vie : il doit être vêtu, nourri, logé, chauffé en tout temps, sans prodigalité, mais l'indispensable ne doit jamais manquer à son existence. Le fruit de son travail doit pouvoir suffire à tous ses besoins. Lorsque son âge avancé, ses infirmités, ses services publics, ses malheurs privés, ou autres accidents quelconques le réduisent dans l'impuissance de travailler pour se suffire, la dette sacrée de l'Etat est de le secourir promptement et à l'instant même. La nation doit créer des établissements nombreux et gratuits pour l'instruction élémentaire et l'éducation morale des enfants des citoyens pauvres ; elle doit édifier également des établissements commodes, sains, vastes et proprement entretenus pour recevoir les infortunés, les vieillards, les citoyens hors d'état de travailler. La police et l'administration de ces établissements doivent appartenir à ceux-là même à qui ils sont destinés : le gouvernement seul vote les fonds. Il faut soulager la pensée de l'homme de toute inquiétude inquisitoriale et affligeante pour son avenir : la vie de l'homme ne doit pas être rongée de soucis ; s'il en est autrement, il n'y a point de justice et de bonheur à espérer sur la terre, et l'avantage de vivre en société et réunis est une véritable chimère. Toutes ces choses simples et équitables, découlent de la formation d'institutions et de lois humaines, émanées de la nature même. Ce n'est point sans doute ce que l'on peut espérer d'un régime aristocratique, bonapartiste, impérial, henriquinquiste ou monarchique; la République seule peut nous procurer ces biens et ces avantages précieux, puisqu'elle est le gouvernement légitime du peuple, le gouvernement de la souveraineté et du véto de la nation. Et c'est ici où la loi, sanctionnée par le peuple, ne doit être aussi que l'expression et la conséquence de son droit.

Paris. — Imp. D'Ad. Blondeau, rue du Petit Carreau, 32.

www.ingramcontent.com/pod-product-compliance
Lightning Source LLC
Chambersburg PA
CBHW061338060726
47596CB00003B/1311